Lk 2 638

Lyon
1654

Chorier, Nicolas

*Le Projet de l'Histoire de Dauphiné de
Nicolas Chorier*

LE PROIET
DE L'HISTOIRE
DE DAVPHINÉ.

De Nicolas Chorier *Aduocat Vienne.*

A LYON,

Chez GVILLAVME BARBIER Imprimeur ordinaire du Roy, en la place de Confort.

M. DC. LIV.

errata

pagin. 4 lin. 6. leurs ouurages et de &c.
ibid. lin. 8. produit leg. produits
age 8 lin. 10. naistre adde virgule,
ibid. lin. 14 mettent leg. met
age 11. lin. 14 esloignez de le z
& lin. 18. par, adde, la
agin. 13. quápres ce pays leg. quápres ce pays
eg 14. l. 23. les merueilles leg. les merueilles
ag. 14. lin. 1. la & le
id. oeuure l'ouure
ge. 17. lin. 6. Thetons L. Theutons
g. 21. lin. 1. Rodulphe l. Rodolphe

AVX HONNESTES GENS.

IL n'est gueres plus facile aux hommes d'aborder la verité au trauers des tenebres qui l'enueloppent dans les abismes des Siecles passés; que de penetrer jusques à elle au milieu des ombres qui leur en ostent la veüe dans le Chaos de l'auenir. Si nous mettons au rang des merueilles ces esprits éclairez, & ces *Voyans*, comme parlent les liures Sacrés, qui découurent à nos yeux les choses futures; ne nous sera-ce point vne iniustice de refuser les mesmes avantages d'estime & d'honneur à ceux, qui, encore vne fois tirent les passées du neant & de l'oubly, pour l'instruction des viuans & pour la gloire des morts? Certainement, c'est en l'histoire, où la verité (cet obiet de nos plus nobles recherches) semble auoir fait choix de l'obscurité pour en faire sa plus particuliere confidente, & pour deposer ainsy tous ses Thresors entre les mains de son enemie. L'ignorance, & l'imposture en ont fait vn monstre, à qui pourtant les plus raisonnables ne peuuët estre auares de leur estime ny de leur amour. Combien auons nous, (dans les ouurages de ceux qui se sont eternisez en donnant l'immortalité aux autres hommes) des preuues de leurs passions, & des marques trop infaillibles qu'ils ne se sont point esloignez de la qualité d'hommes en prenant celles d'Historiens. Il n'est que trop vray, qu'ils n'ont pas touſiours conſideré auec aſſez de ſoins, que le teſmoignage qu'ils rendoient à la poſterité n'eſtoit pas ſans ſacrilege, s'il n'eſtoit ſans affection. Si la verité leur a mis le pinceau à la main, elle n'a pas eu touſiours la liberté de le conduire, ny de menager les couleurs qu'ils ont employées & ſouuent dans leurs ouurages & les pourtraits des hommes les plus illuſtres ſont les viues images des mouuemens & des foibleſſes de ces ames ou malignes, ou intereſſées.

N'eſt ce pas vne iuſte matiere d'eſtonnement, que les Villes les plus fameuſes ſoient contraintes d'auoüer, que leurs Autheurs & leur origine ſont cachez à leur reconnoiſſance, & à leur zele? Cette ſuperbe Nation, qui a fait adorer ſa Tyrannie à toute la terre, n'a iamais ſçeu certainement ſi elle ſe doit à Romulus. Les curieuſes recherches des doctes qu'elle a produit, au lieu de nous en inſtruire, ne ſeruent qu'à nous conſoler de noſtre ignorance par la conſideration de la leur, qui abaiſſe infiniment le blaſme de la noſtre.

Ie fais maintenant ces reflexions dans vne Ville, qui ſert elle méme de preuue à ma penſée & à cette verité: *Vienne*, n'eſt pas vn nom inconnu; il eſt cher à l'Hiſtoire Sainte, auſſi bien qu'à la profane; & le ſang de ſes Martyrs a adiouſté à la pourpre Royalle, d'ont tant de Princes l'ont reueſtuë, vn eſclat qui ne ſera iamais offuſqué, & que quinze cens ans n'ont point encore terny. Cependant, elle ſe plaint d'auoir ſi peu de connoiſſance d'elle méme que les autheurs, & les momens de ſa naiſſance luy ſont également inconnus. Il eſt des Villes & des

Eſtats

Estats comme des hommes auancez dans vne extreme vieilleſſe, puiſque l'on compare les Corps Politiques aux Corps Naturels. Il arriue ſouuent, que ny les hommes ny les Eſtats ne conſeruent plus dans la decrepitude, où le nombre des années les tient comme enſeuelis, ny le nom de leurs Peres & de leurs bien-faicteurs, ny les actions particulieres de leur ieuneſſe.

Quoy que la verité ſurmonte touſiours les obſtacles qu'on luy oppoſe, & que rien ne puiſſe l'abatre; elle a ſuccombé ſous ce poids; ce qui nous fait cóprendre, que, cóme la verité des merueilles de Dieu eſt vn rayon de ſa gloire, qui non plus qu'elle, n'eſt pas ſuiet à s'eſteindre, la verité de celles des hómes participe de leur foibleſſe, & n'eſt pas plus incorruptible: Mais l'obſcurité qui nous enuironne eſt vn flambeau qui nous manifeſte noſtre vray Pere dans la magnificence de l'autheur de la Nature, ou les preuues & les marques de noſtre origine ſemblent nous quitter, nous deuons nous perſuader, que nous auons trouué le point, qui nous vnit à Dieu, & qui nous attache à ce Principe infaillible de toutes choſes?

Toutefois, pour me garantir, autant qu'il me ſera poſſible des illuſions qui ſe preſentent à nos yeux dans la vaſte eſtenduë des Siecles, i'auouë que ie me preſcris en cet ouurage, vn terme au dela duquel ie ne permetray point à ma curioſité de ſe porter. I'obſerueray la loy que les ſçauans Chronologiſtes impoſent à l'Hiſtoire en la recherche de la verité, & ne me figureray pas de la pouuoir trouuer au de là des bornes, juſques où ils m'enſeignent que s'eſtendent ſes lumieres.

B

Les sçauans de l'antiquité ont diuisé apres Varron, à qui saint Augustin a donné la loüange d'auoir esté le plus docte des Romains, la durée du monde en trois âges. Le premier est celuy qui enferme le temps écoulé depuis sa naissance, iusques à la premiere Inondation de la Grece, arriuée six cens deux ans apres le Deluge Vniuersel. Ils le nomment ἄδηλον, c'est à dire inconnu & tenebreux. Il n'est pas à croire qu'vn si grand nombre d'années n'ait esté tesmoin de beaucoup d'Euenemens dignes d'admiration; les hommes n'estans pas alors composez d'autre matiere, ny animez d'autre sang, ny d'autres esprits qu'ils le sont presentement, sans doute les Vices & les Vertus n'ont pas eu moins d'empire parmy eux qu'ils en ont aujourd'huy parmy Nous. Mais les actions glorieuses de ceux qui ont vescu alors sont enseuelies dans vn eternel oubly qu'elles ne meritoient point; & dans cette confusion generalle, elles souffrent iniustement la peine legitime des actions criminelles.

Le second Aage est d'enuiron quinze cens ans, & finit à la premiere Olympiade, où le troisiesme commence. Il a le titre de Fabuleux, parce qu'il est la source de toutes les Fables, & que de quelque Lumiere que l'on soit éclairé on n'y sçauroit discerner vne Verité toute pure. C'est pourquoy ceux qui des anciens Historiens ont eu plus de desir d'escrire des choses veritables, que d'en conter de plaisantes, n'ont pas eu l'imprudence de remonter iusqu'à ce temps-cy. La crainte d'estre blasmez de peu de iugement, aussi bien que de peu de fidelité, retint au deça du Siecle des Heraclides, Ephore Disciple de Socrate,
Calli

Callisthene, & Theopompe, ces trois grands Genies de l'histoire Grecque, dont les laborieux ouurages ont témoigné autresfois combien soigneusement ils auoient trauaillé à la gloire de leur Pays.

Le troisiesme n'est pas si impenetrable à la curiosité des bons esprits. Ses premiers iours n'ont point d'obscurité qui estonne, ny de difficulté qui rebute ; le progrez en est charmant par la verité, & diuertissant par la multitude des belles choses, qu'il estale à tous les Peuples. Ils voyent dans luy comme dans vn Tableau fidele, & leurs Hommes illustres, & leurs illustres actions ; ils y contemplent la recompence de leurs Vertus, la vengeance de leurs vices, & en l'vn & l'autre l'inconstance de la Fortune, & dans cette inconstance la fermeté inébranlable des Ordres de Dieu en la conduite des Hommes ; pour tout dire, ils y trouuent la verité regnante, & la loüange, & le blasme iustement distribuez aux Vertueux, & aux Meschans.

Donc, la premiere année de cét Aage, qui ayant succedé au premier, duquel il ne nous reste presque rien, & au second, duquel il ne nous reste que des Fables, nous satisfait plus noblement, est la premiere année de la premiere Olympiade. Ie ne m'amuseray point à remarquer comme ont fait les Critiques, la cause & l'origine des Olympiades : ce ne seroit pas vne chose pardonnable à vn amateur des Lettres, d'ignorer qu'elles viennent des ieux Olympiques restablis par Iphite Roy d'Aulide, à l'honneur du grand Hercule, sept cens trois vingts seize ans auant la naissance de IESVS-CHRIST, & vingt-deux ans auant celle de Rome. Voila le point certain & infaillible, où les Sçauans fondent leurs dimensions, & où ils veulent qu'elles se rapportent toutes. En effet, il y a pour m'expliquer ainsi, vne espece de Geometrie dans l'Histoire au partage des Temps, aussi bien que dans la Politique au partage des Terres. Il faut mesurer aux nobles actions & aux Heros enseuelis, le temps & les heures qu'ils ont occupez, & qui leur appartiennent pour la perpetuité de leur memoire, de mesme qu'aux Viuans, ce qu'on ne leur peut refuser de la Terre, qui les fait naistre pour la conseruation de leur vie. Ie veux dire, que l'Histoire l'vnique distributrice de la parfaite Gloire, n'est qu'vne inegalité pleine d'iniustice, & de confusion, si la Science des Temps ne la regle & ne la gouuerne : Mais elle est toûjours douteuse & chancellante, si on ne l'affermit sur la connoissance des Olympiades, qui en sont le rempart, ou le retranchement qui la mettent à couuert des entreprises de la Fable, & de l'imposture. Pomponius Atticus, l'Amy de Ciceron, ne s'imagina pas de pouuoir trouuer de verité certaine, qu'au deçà des Olympiades, quand ayant le dessein d'escrire l'Histoire generale de sa Nation, il poussa seulement son estude, & ses recherches iusques au temps de leur restablissement. Aussi Iustin le Martyr a appuyé vne preuue de l'excellence des œuures de Moyse, sur ce qu'elles ont esté composées auant l'institution des Olympiades, hors desquelles, dit-il, ny la Grece, ny les autres Peuples n'ont ny Monumens, ny Autheurs, pour opposer, ou pour comparer à Moyse. Cadmus de Milet est celuy, qui le premier des Grecs a escrit de l'Histoire, & il est

est asseuré que Moyse l'a deuancé de plusieurs Siecles. Herodote que Ciceron nomme le Pere de l'Histoire, ayant vescu long-temps apres cettuy-cy, quoy qu'il passe pour peu fidele, n'a pourtant osé chercher des matieres de mésoges hors de cét Age historique, de peur d'estre mis au nombre des imposteurs trop declarez & trop manifestes. Il commence son ouurage à Cyrus & à Cresus, que la cinquante-huictiesme Olympiade a vû attachez par vn combat sanglant & funeste, qui fut la ruine d'vne Monarchie. De sorte que pour peu de reflexion que l'on fasse, on auoüera que Genebrard a eu raison de dire que ce qui s'est publié des Roys d'Assirie & des descendans de Ninus, en ces derniers Siecles, doit estre receu comme tres-suspect. Certes ces recits fabuleux, pour lesquels on a resuscité en nos iours Berose, Manethon, & Metasthene sont des ennemis d'autant plus dangereux à la verité, que les noms qu'ils empruntent pour paroistre aux yeux des hommes sont plus authorisez. Les Atheniens erigerent à Berose vne Statuë qui auoit la langue dorée, pour vne marque de son Eloquence : Mais de bons Esprits ont déja eu le soin de desabuser les Mediocres, & preuué par des raisons conuaincantes, à qui peut estre conuaincu par la raison que ce Berose qui nous est auiourd'huy connu, & ces deux Autheurs qu'on luy a donnez pour suiuans, sont des productions, ou pour mieux dire, des songes de l'esprit fourbe & melancolique d'Annius de Viterbe. Leurs veritables œuures sont mortes quelques Siecles apres eux, & s'amuser aux recits fabuleux qu'on leur attribuë, ce n'est pas estre assez exact amateur

C

de la verité, à laquelle seule, comme parle Lucien le parfait Historien doit sacrifier. Est-il possible, pour me seruir de la pensée d'vn grand Homme, qu'vn Chaldéen ait eu des instructions si particulieres de l'Histoire, & de la succession des Roys des Celtes, de ceux qui ont regné en Italie, & des autres qui ont dominé en Espagne? Quel commerce pouuoit estre alors entre ces Nations moins separées par la distance des Terres qu'elles habitent, que par l'extreme difference de leurs mœurs, de leurs langues & de leurs inclinations ? Toutesfois, ce supposé Chaldéen ne paroit pas plus sçauant aux affaires de son Pays, qu'en celles de ces Peuples si esloignez & si inconnus au vray Berose.

C'est pourquoy, ie ne veux point m'attacher à des témoins si reprochables, ny me seruir de leurs depositions, pour apprendre la verité de l'Histoire Ancienne de cette Prouince, celle des Roys qui y ont commandé, des Peuples qui l'ont premierement possedée, & des reuolutions qu'elle a souffertes. Allobrox, & Romus son successeur n'ont iamais eu de vie, que dans l'imagination, & dans les Liures d'Annius : tirer d'eux le nom d'Allobroge, qu'ont rendu iadis si redoutable les premiers Peuples de cette Prouince, & l'Origine de Valence & de Romans, c'est estre ennemy de son estime, en croyant trop vainement d'accroistre leur gloire. Mon trauail ce me semble, ne sera pas moins auantageux à cette fameuse Prouince, quoy que ie descende plusieurs Siecles plus bas, que celuy où l'on feint qu'ils ont vescu. Le mensonge est-il capable de cõtribuer à la veritable loüange?

Long

Long-temps auant que le Peuple Latin, qui deuoit vn iour souuerainement commander à tous les Peuples, occupast aucune place dãs l'estime des Nations, la Terre Gauloise estoit riche & superbe des fruits de sa fecondité naturelle. Ie ne doute point, que ses premiers Peuples n'y soient venus d'ailleurs; puisqu'vn seul homme est le Pere, & pour ainsi dire, l'Artisan de tout le Genre Humain, les premiers qui s'en sont rendus les maistres luy ont esté enuoyés, de ces Pays fauorisés du Ciel, qui n'ont pas esté moins l'Orient de la vie aux hommes, qu'ils le sont du iour & de la lumiere. Mais, il est impossible de reconnoistre dans l'obscurité des premiers Aages, ny le temps de l'arriuée de ces Nobles Estrangers, ny comment ils ont pris la possession de cette grande estenduë de pays, dont les Grecs n'ont connu les Peuples que sous le nom de Celtes. Tellement qu'il faut nous arrester suiuant ma proposition à vn temps moins eloignez du nostre, & nous contenter de ce qu'il nous apprendra par bouche de la verité, la fidele interprete de l'Histoire, en qui seule nous recouurons les Archiues de toutes les Nations.

 Voila mes sentimens sur les connoissances que nous pouuons acquerir, & sur les lumieres qu'il m'est permis de suiure:& voicy l'ordre que ie me propose d'obseruer.

 Ie commence, il est vray, vn ouurage qui est au dessus de mes forces, dans cette foiblesse & d'esprit & de sçauoir, qui me comble de confusion & de honte. Cette matiere n'a point encor esté touchée, & sãs doute on aura sujet de souhaiter que ie ne m'en fusse point approché.

Mr. le President de Boissieux.
Mr. du Viuier President en la Chabre des Comtes de Dauphiné.
Mr. de Boissat Sr. de Lissieux & d'Auernaù.
Mr. de L'Auberiuiere.
Mr. l'Abbé de Lögueterre.
Mr. Videl.

I'entre dans vne Cápagne d'vne eftédue presque infinie, & ie n'y apperçois ny chemin ny vestige qui me promette d'arriuer heureufement où mon deffein m'appelle. Mais fi la temerité de mon entreprife me fait craindre vn blafme presque ineuitable, i'ay cette confolation, que cette mefme amour de la Patrie, qui a rendu la mort fi douce & fi precieufe à des Heros, m'infpire feule de luy facrifier ainfi mon honneur & mon eftime. Quoy qu'il en foit, ie n'auray pas vn mediocre auantage, fi i'ay celuy d'exciter les Boiffieux, les Viuiers, les Boiffats, les Auberiuieres, les Longueterres, les Videls, & tant de bons Efprits qui font les glorieux ornemens de cette Prouince, à reparer par leurs foins les iniures que i'auray faites innocemment à leur Mere & à la mienne, en ne reprefentant pas fes graces, & fes beautez auec tout leur efclat. Ie diuife donc en trois Decades cét ouurage qui eft defia fort auancé; ie n'ignore pas les penfées des Critiques fur celles de Tite-Liue. Ie crois auec eux qu'il ne s'eft iamais ferui de ce mot; Mais il me fuffit qu'il eft aujourd'huy appreuué, & que les Enneades & les Ogdoades d'Autheurs de beaucoup de fçauoir me mettent à couuert de leur cenfure.

La premiere contient la Defcription Topographique, les Merueilles Naturelles ; La Politique Sacrée & Profane, Ancienne & Moderne du Dauphiné ; & les chofes les plus Generales, dont la connoiffance eft, ou neceffaire, ou agreable.

En la feconde, eft la defcription Hiftorique & Topographique des Villes, & de tous les principaux lieux

Sacrez

Sacrés & Profanes de cette Prouince, auec les inscriptions anciennes expliquées fidellement, & les Noms, les Armes, & l'Origine des Familles Nobles, & de plus de Nom.

Et dans la troisiéme, qui contient l'Histoire vraiment Politique, se verront les euenemens Illustres, & les reuolutions que cette Prouince a souffertes dés le temps des Allobroges iusques au nostre. Mais voicy plus particulierement le sujet des Liures de chaque Decade.

LA PREMIERE DECADE.

LE premier Liure, commance par la description & la diuision des Gaules, & sur tout de cette partie qui embrasse le Dauphiné, où il est parlé au long des Allobroges, des Cauares, des Voconces, & des Alpes; auec les chemins Anciens & Modernes des Gaules en Italie; de la Gaule Viennoise, de ses diuerses Prouinces, de ses Peuples, de son estenduë, & de sa dignité sous l'Empire Romain, & enfin de ses Noms differens iusques à nos iours, leur cause, & leur origine, où il est monstré, qu'elle a esté premierement nommée Allobrogie, dont vne partie estoit l'Isle de laquelle parle Polybe, & par où passa Annibal; que cette Isle est aujourd'huy celle de Cremieu, non la Bresse, comme pretend le docte Samuël Guichenon, ny le Valentinois, comme la crû Philippe Cluuier; qu'apres ce Pays a eu le nom de Prouince Viénoise, & en suite de Bourgongne. Et enfin ce premier Liure finit par

D

l'éclaircissement de la veritable origine du nom de Dauphiné, qu'il a auiourd'huy.

Le second Liure a pour suiet l'estenduë & les limites Modernes de cette Prouince; sa Fertilité pour toutes sortes de grains, & pour le vin. Là il est parlé du vin empoisé, nommé par Martial *Vinum Picatum*, & attribué par Pline au Territoire de Vienne, des Arbres, & des Forests, des oiseaux rares, & des animaux particuliers à cette Prouince, des Vers à Soye, du Chamvre & du Lin, du Procureur du Linifice des Gaules, establi par les Romains dans la Cité de Vienne; & enfin des Salines, des Minieres, des Metaux, & des Pierres precieuses que le Dauphiné produit.

Le troisiesme descrit les Riuieres & les Fleuues, qui naissent dans le Dauphiné, ou qui y passent, les Estangs & les Lacs, celuy de Paladru & de Pelhotiers, les Fontaines, les Eaux Minerales, & les Bains de la Motte des Champs, de la Montagne d'Orel, de Vienne, de Cremieu, de S. Antoine de Viennois, de S. Chef, de Giuret, & les Eaux malfaisantes, connuës par le peuple de cette Prouince, sous le nom de Iallin, de Iullin, & d'Eydoches.

Le quatriesme a pour sujet ses merueilles naturelles de Dauphiné, qui sont, la Tour sans Venin, la Montagne inaccessible, la Fontaine ardante, les Cuues de Saffenage, les Pierres precieuses, ou Ophtalmiques, la Manne du Mont-Genevre, la Grotte & le Lac souterrain de nostre Dame de la Balme, dans l'Isle de Cremieu, & le Vent Ponthias, auprès de Nyons.

La

La cinquiefme œuure, le traité de la Politique, & du Genre de Gouuernement de cette Prouince fous les Allobroges, les Romains, les Bourguignons, & les François, & enfin iufques à nos iours, & en ce cinquiefme Liure eft repreſentée la Politique des Allobroges & de leurs Voiſins auec leurs mœurs, & leurs qualitez bonnes & mauuaiſes.

Le fixiefme eft la fuite de la mefme matiere, & explique la Politique des Romains, des Bourguignons, des premiers François, & des derniers Roys de Bourgongne, & de Vienne.

Le feptiefme defcrit celle des Anciens Dauphins, & defcend au Gouuernement de ce Temps par vne idée generale, qui en eft propofée.

Le huictiefme traite premierement des Gouuerneurs Generaux de Dauphiné, repreſentant les noms de tous ceux qui l'ont efté iufques à nos iours, & de leurs Lieutenans en ce Gouuernement. Et en fecond lieu des Eftats de Dauphiné, de leurs Priuileges dans les Aſſemblées des Eftats Generaux de ce Royaume, où il y a des remarques tres-rares & tres-curieufes fur la Dignité & fur la Nobleſſe de la Royalle Cité de Vienne.

Le neufiefme traite du Clergé de Dauphiné, des Archeuefchés & des Euefchés, de la Primace de l'Archeuefché de Vienne qui y eft examinée, & mife hors de toute controuerfe legitime par des raifons, & des preuues auffi folides que curieufes: Et enfin des Chefs d'Ordres Religieux eftablis, & inftituez en cette Prouince.

Le dixiefme, parle de la Nobleſſe de Dauphiné, des

D 2

Compagnies Souueraines, des Corps de Iustice, des Iurisdictions, & en second lieu du Tiers Ordre, de ses anciens Priuileges, des Tailles, des Impositions, & des differens naïs là dessus entre les trois Ordres, sous le regne de Henry second, & terminez sous celuy de Louys treiziesme; Traité remply de curiositez vtiles & recherchées. Voila la premiere Partie.

LES LIVRES DE LA SECONDE DECADE.

Les trois premiers ne sont qu'vne description Topographique & Historique de la Cité de Vienne, & de son Territoire, accompagnée de toutes les inscriptions anciennes, & de la plus part des Modernes les plus considerables, auec les noms, les Armes, & l'origine des Familles, & des Races Nobles qui habitent dans cette partie du Viennois. Grenoble, Valence, Romans, Die, Ambrun, Briançon, le Crest, Gap, le Montellimard, & les pincipalles Villes, Bourgs & Territoires qui en dependent, rempliront les sept Liures restans de cette seconde Decade, auec le mesme ordre obserué dans les trois premiers.

LA TROISIESME DECADE.

LE premier Liure conduira l'Histoire de cette Prouince iusqu'à la mort de l'Empereur Auguste. On y verra ra les entreprises des Allobroges contre les Peuples Estrangers; Leurs Guerres en Asie, en Grece, & en Italie; l'Entrée d'Annibal en ce Pays; Les conquestes des Romains sous la conduite de Cn. Domitius, de Fabius Maximus, de C. Pomptinus, de Marius, de Pompée, & de Iule Cesar; l'Irruption des Cimbres & des Thetons, ausquels se ioignent les Peuples de l'Ambrunois, que les Latins ont nommez *Ambrones*; La coniuration de Catilina, & la fidelité des Allobroges pour les Romains; La Preture de M. Fonteius, les plaintes des Allobroges contre luy, diuers lieux de l'Oraison de Ciceron prononcée pour la iustification de Fonteius expliquez; Les Colonies enuoyées dans le Dauphiné, celle de Vienne chassée par les Allobroges, ce qui donne la naissance à la ville de Lyon; Les seditions & les émotions du peuple Viennois calmées par Tibere; Plusieurs Reglemens d'Auguste pour cette Prouince, la mort de ce Prince, & les honneurs Funebres qui y sont rendus à sa memoire.

Le second s'estendra iusqu'à la mort de Domitien, & representera les Gaules soûleuées contre la Tyrannie Romaine sous Iule Sacrouir, & sous d'autres grands Seigneurs Gaulois; Les voyages de Caligula, & de Claude en ce Pays, La mort du Consul Valerius Asiaticus, Gentil-homme Viennois; Les autres Illustres de Dauphiné sous les Empereurs; La reuolte de Vindex; Les bienfaits de Galba enuers la Prouince Viénoise; La haine reciproque de Vienne, & de Lyon; Les rauages de l'Armée de Vitellius sous la conduite de Fabius Valens; Les dangers où fut alors la ville de Vienne; Le Consulat de

Poppæus Vopiscus Gentil-homme Viennois ſous Othon; Le ſejour de Vitellius dans Vienne, les preſages qu'il y reçoit dans le Pretoire, qui eſt aujourd'huy l'Egliſe de nôſtre Dame de la Vie; Les progrez du Chriſtianiſme.

Le troiſieſme pourſuiura le fil de l'Hiſtoire commencée iuſques au regne de Conſtantin le Grand. En voicy les principales matieres; Les ieux Agonaux, ou Circenſes inſtitués dans Vienne, & apres condamnez par Nerua; Les voyages d'Adrien; Les perſecutions des Chreſtiens, les premiers Martyrs des Gaules dans le Dauphiné; La vengeance & les cruautés de Seuere contre les amis d'Albinus, & contre les Peuples de la Gaule Lyonnoiſe, & de la Gaule Viennoiſe; Le Conſulat de Grattus Gentil-homme Viennois ſous Decius; L'entrée de Crocus Roy Alleman dans le Dauphiné, les deſolations qu'il y apporte; La ruine de la Ville de Vienne & de pluſieurs autres; Poſthumus, Marius, Victorinus, Regilianus, & quelques autres créés Empereurs dans les Gaules, pluſieurs deſquels ont regné dans le Dauphiné & même dans Vienne; Aurelien & Probus dans le Dauphiné; La guerre de Diocletien contre les Bagaudes; Le Martyre de ſainct Maurice & de la Legion Thebeenne; Les perſecutions que ſouffrent les Chreſtiens par les ordres de Diocletien & de Maximien; L'eſtat du Chriſtianiſme.

Le quatriéme fera l'ouuerture d'vn nouueau Siecle & de l'Age d'or du Chriſtianiſme, ſous Conſtance, & ſous Conſtantin ſon Fils; & conduira l'Hiſtoire de ce Pays iuſqu'à l'eſtabliſſement de la Mornarchie des Bourguignons

gnons dans Vienne. On y verra l'Estat du Dauphiné sous Constance; La mort du Cesar Seuere auprés de Vienne; l'affection de Constantin pour cette Prouince; Ses Reglemens Generaux pour tout son Estat & particuliers pour ce Pays; Le partage de son Empire à ses Enfans; La reuolte de Magnence, sa defaite à Montsaleon; Le seiour de Constance à Valence & à Chabueil; Iulien enuoyé dans les Gaules, son arriuée & son seiour à Vienne, son Apostasie; Lyon saccagé par les Germains: Grenoble reparé & fortifié sous Valentinien le Grand: Le seiour de Valentinien troisiéme dans Vienne, & sa mort: Eugene esleu Empereur: Le miserable Estat du Dauphiné sous les Enfans de Theodose, Honorius & Arcadius: La reuolte de Constantin contr'eux, & la mort de son Fils Geronce dans Vienne: La suite de l'Histoire Ecclesiastique.

Le cinquiéme aura pour suiet tout ce qui est venu à nostre connoissance touchant ce premier Royaume de Bourgongne, ou de Vienne iusqu'à sa ruine, & l'Estat de l'Eglise dans le Dauphiné, où il sera montré que le Concile connu sous le Nom de Ponense, ou d'Epaunense, s'est tenu auprés de Vienne.

Le sixiéme ira iusqu'à la fin du Regne de Louys le Begue, & décrira entr'autres les Cruautez de la Reyne Brunehaut: Le Martyre de S. Didier Archeuesque de Vienne non à Breniais, mais dans la Dombe; L'irruption des Lombards dans le Dauphiné sous le Roy Gontran, celle des Sarrazins ou des Maures d'Espagne sous Charles Martel, leurs rauages, & leur defaite: Les Ordres &

les Reglemens de Charles Martel dans les Villes de ce Pays: Le seiour que Pepin y fait, & apres luy Charlemagne son Fils, en diuers temps: La mort de Carloman dans Vienne: La reuolte de Lothaire fauorisé de Bernard Archeuesque de Vienne, & des Peuples de cette Prouince contre l'Empereur Louys le Débonnaire son Pere, le partage des Estats de Lothaire à ses Enfans, le Dauphiné estant écheu à Charles: Le Siege mis apres la mort de ce Ieune Prince par Charle le Chauue deuant la Ville de Vienne, defenduë par Girard de Roussillon, l'Origine, la qualité & la posterité duquel sont recherchées à la faueur de tittres tres-curieux, qui n'ont point encore parû; & enfin la suite de l'Histoire Ecclesiastique.

Le septiéme racontera la naissance, le progrez, & la fin du second Royaume de Bourgongne, ou de Vienne; l'authorité de Boson sous Charles le Chauue, & sous Louys le Begue, son ellection dans le Palais de Mantaille à quatre lieuës de Vienne: Le Siege de cette méme Ville par Louys & Carloman Fils de Louys le Begue, sa prise: Le restablissement de Boson apres la mort de ces Princes: Le Regne de Louys son Fils crée Empereur contre Berenger, ses guerres en Italie, la durée de son Regne, contre ceux qui escriuent qu'il ne regna que trois ans, & qu'il mourut aueuglé par Berenger, l'infortune de Constantin son Fils, dépoüillé de ses Estats par Hugues Fils de Thibaud & de Berthe Fille de Valdrade & du Ieune Lothaire: Comment Constantin recourut à la protection du Roy de France, mais sans effet: Les guerres de

Hugues

Hugues en Italie contre Berenger, & contre Rodulphe Roy de la Bourgongne Transiurane à qui il abandonne le Royaume de Vienne pour s'asseurer ses conquestes, ses gestes & de Lothaire son Fils, leurs Femmes, & leur mort auec plusieurs circonstances tres-curieuses, tirées de vieux documens inconnus iusques auiourd'huy : Les successeurs de Rodolphe : Le Regne de Conrad son Fils Illustre par la defaite des Hongres, celuy de Rodolphe nommé le Lasche, ou le Faineant, & dernier Roy de Vienne ; Continuation de l'Histoire Ecclesiastique.

Le huictiéme ouure à mon Esprit vn abisme de tenebres & de confusions, pour parler ainsi, dans les desordres de cette Prouince, apres la mort de Rodolphe, sous les Roys d'Allemagne, comme parlent les Anciens Historiens, ou, comme l'on parle auiourd'huy sous les Empereurs. On y verra Conrad le Salique entrer dans la Bourgongne auec vne puissante Armée pour se faire reconnoistre : Les vsurpations des Comtes & des Grands qui se rendent propres, les Villes, & les lieux, dont ils n'auoient que le Gouuernement : La naissance de diuerses Principautez, de celles des Comtes de Graisiuodan Comtes d'Albon par Alliance, & dépuis Comtes de Vienne & Dauphins de Viennois ; de Maurienne, ou de Sauoye ; de Valentinois, de Diois ; & enfin de quelques autres : L'entrée de Frideric premier Barberousse dans le Comté de Bourgongne, les Hommages qui luy sont rendus dans Besançon par les Prelats, qu'il crée ses Vicaires & ses Lieutenans Generaux dans les Villes de leur

F

refidance, & par diuers Grands Seigneurs, qu'il fait de méme fes Vicaires dans les Terres, qu'ils auoient vfurpées: L'origine du Comté de Vienne diuifé en trois branches, d'ont chacune a eu auffi le nom de Comté, & enfin la liberté de cette Ville, comme Capitale de cet Ancien Royaume, fous le Gouuernement de fes Archeuefques, Vicaires de l'Empire.

Le neufiéme fera vne fuitte de l'Hiftoire des ces premiers Dauphins de trois Races differentes iufques à Humbert, qui en eft le dixiéme: Leurs Alliances, leurs Guerres, leurs traités auec leurs voifins, leurs feruices dans les Armées des Roys de France, & de diuers autres Grands Princes, leurs Tombeaux, & leurs Epitaphes y feront reprefentés auec fidelité, & auec foin: Comme auffi les entreprifes du dernier Dauphin fur la Ville de Vienne: Les Bulles des Papes Clement VII. & Benoift XII. fulminées pour ce fuiet contre luy, fes motifs en la vente de fes Eftats au Roy de France, & là deffus diuerfes particularités peu connuës.

Le dixiéme continuera l'Hiftoire de ce Pays iufqu'à nos iours, fous vingt cinq Dauphins de l'Augufte Maifon de France, la plufpart defquels ont efté Roys. Entr'autres chofes, on y verra l'Echange fait auec le Comte de Sauoye des Terres qu'il poffedoit au deça de la Riuiere du Guier à celles que les Dauphins auoient au delà. La Temporalité oftée à quelques Prelats, & difputée à tous déja fous Charles V. enfuite du Vicariat octroyé au Dauphin Charles par l'Empereur Charles IV. dans tout le
Royaume

Royaume de Bourgongne: Les Guerres des Bourguignons, & de leurs Alliés: La defaite de Louys de Chalons Prince d'Orange dans la Parroisse de Colombier: La Victoire poursuiuie iusqu'à Anxon : La Generosité de trois cens Gentilshommes Dauphinois tuez en la Bataille de Vernueil, & de cinquante quatre qui moururent en celle de Montleheri : L'arriuée de l'Empereur Sigismond en cette Prouince, où il confirme, & augmente les Priuileges de diuerses Villes, & sur tout de celle de Vienne : Le seiour du Dauphin Louys, Fils de Charles VII. en Dauphiné, ses traités auec les Prelats pour la Iurisdiction Temporelle appellés Pariages, & auec le Corps de la Cité de Vienne, qui luy rend Hommage, à la charge d'estre conserué en ses Priuileges, & en ses exemptions; l'Introduction, & l'origine de plusieurs desordres: Reunion du Comté de Valentinois au Dauphiné: Les Guerres ciuiles pour la Religion : Et enfin les Illustres en ces derniers temps, & par les Lettres, & par les Armes, auec la suite de l'Histoire Ecclesiastique.

 Voilà vn eschantillon des matieres que i'ay à debiter en cet Ouurage ; les sçauans & les curieux y trouueront vn doux amusement, & moy vne extreme satisfaction en la leur. C'est ce qui me donne la hardiesse de les coniurer de ne m'enuier pas les connoissances qu'ils auront, de me les communiquer, & de me faire part des richesses que leur estude, ou leur bon heur leur auront acquises. Qu'ils n'apprehendent point d'obliger vn Esprit ingrat, ny qui voye ses bienfacteurs auec regret comme

la

la pluspart des Hommes. Ie leur promets dés maintenant vn témoignage public de ma reconnoissance particuliere. Ie seray rauy que mes remerciemens passent de ma bouche en celle de la posterité, qu'ils auront obligée en ne m'estant point auare de leurs lumieres, que ie ne veux employer qu'à l'esclaiter seulement.

NIC. CHORIER.

www.ingramcontent.com/pod-product-compliance
Lightning Source LLC
Chambersburg PA
CBHW070459080426
42451CB00025B/2803